L'IMPROMTU DE VERSAILLES.

L'IMPROMPTU DE VERSAILLES.

COMEDIE.

PAR

J. B. P. DE MOLIERE.

A AMSTERDAM,
Chez GUILLAUME LE JEUNE,

M. DC. LXXXIX.

ACTEURS.

MOLIERE, Marquis ridicule.
BRECOURT, homme de qualité.
DE LA GRANGE, Marquis ridicule.
DU CROISY, Poëte.
LA TORILIERE, Marquis fâcheux.
BEJART, Homme qui fait le necessaire.
Mademoiselle DU PARC, Marquise façonniere.
Mademoiselle BEJART, Prude.
Mademoiselle DE BRIE, Sage Coquette.
Mademoiselle MOLIERE, Satyrique spirituelle.
Mademoiselle DU CROISY, Peste doucereuse.
Mademoiselle HERVE', Servante pretieuse.

La Scene est à Versailles dans la Salle de la Comedie.

L'IMPROMPTU DE VERSAILLES, COMEDIE.

ACTE PREMIER.

SCENE PREMIERE.

MOLIERE, BRECOURT, LA GRANGE, DU CROISY, Mademoiselle DU PARC, Mademoiselle BEJART, Mademoiselle DE BRIE, Mademoiselle MOLIERE, Mademoiselle DU CROISY, Mademoiselle HERVE'.

MOLIERE.

ALLONS donc, Messieurs & Mesdames; vous mocquez-vous avec vostre longueur & ne voulez vous pas tous venir icy? La peste soit des Gens; hola ho, Monsieur de Brecourt.

BRECOURT.

Quoy!

MOLIERE.

Monsieur de la Grange.

LA GRANGE.

Qu'eſt ce?

MOLIERE.

Monſieur du Croiſy.

DU CROISY.

Plaiſt il?

MOLIERE.

Mademoiſelle du Parc.

Mademoiſelle DU PARC.

Hé bien?

MOLIERE.

Mademoiſelle Bejart.

Mademoiſelle BEJART.

Qu'y a-t'il?

MOLIERE.

Mademoiſelle de Brie.

Mademoiſelle DE BRIE.

Que veut on?

MOLIERE.

Mademoiſelle du Croiſy.

Mademoiſelle DU CROISY.

Qu'eſt ce que c'eſt?

MOLIERE.

Mademoiſelle Hervé.

Mademoiſelle HERVE'.

On y va.

MOLIERE.

Je croy que je deviendray fou avec tous ces gens cy. Eh! teſtebleu, Meſſieurs, me voulez-vous faire enrager aujourd'huy.

BRECOURT.

Que voulez-vous qu'on faſſe, nous ne ſçavons pas nos rôles, & c'eſt nous faire enrager vous meſme, que de nous obliger à joüer de la ſorte.

MOLIERE.

Ah! les étranges animaux à conduire que des Comediens.

Mademoiſelle BEJART.

Et bien nous voilà, que pretendez vous faire?

Ma-

Mademoiselle DU-PARC.

Quelle est vostre pensée?

Mademoiselle DE BRIE.

Dequoy est il question?

MOLIERE.

De grace mettons nous icy, & puisque nous voilà tous habillez, & que le Roy ne doit venir de deux heures, employons ce temps à repeter nostre affaire, & voir la maniere dont il faut jouër les choses.

LA GRANGE.

Le moyen de jouër ce qu'on ne sçait pas?

Mademoiselle DU PARC.

Pour moy je vous déclare que je ne me souviens pas d'un mot de mon Personnage.

Mademoiselle DE BRIE.

Je sçay bien qu'il me faudra soufler le mien, d'un bout à l'autre.

Mademoiselle BEJART.

Et moy je me prepare fort à tenir mon rôle à la main.

Mademoiselle MOLIERE.

Et moy aussi.

Mademoiselle HERVE'.

Pour moy je n'ay pas grand' chose à dire.

Mademoiselle DU CROISY.

Ny moy non plus, mais avec cela je ne répondrois pas de ne point manquer.

DU CROISY.

J'en voudrois estre quitte pour dix pistoles.

BRECOURT.

Et moy pour vingt bons coups de foüet, je vous assure.

MOLIERE.

Vous voilà tous bien malades d'avoir un méchant rôle à joüer, & que feriez-vous donc si vous estiez en ma place?

Mademoiselle BEJART.

Qui vous! vous n'estes pas à plaindre, car

 ayant

ayant fait la Piece vous n'avez pas peur d'y manquer.

MOLIERE.

Et n'ay je à craindre que le manquement de memoire, ne contez vous pour rien l'inquietude d'un succés qui ne regarde que moy seul ? & pensez vous que ce soit une petite affaire, que d'exposer quelque chose de Comique devant une assemblée comme celle-cy ? Que d'entreprendre de faire rire des personnes qui nous impriment le respect & ne rient que quand ils veulent. Est-il Autheur qui ne doive trembler, lors qu'il en vient à cette épreuve ? & n'est-ce pas à moy de dire que je voudrois en estre quitte pour toutes les choses du monde ?

Mademoiselle BEJART.

Si cela vous faisoit trembler, vous prendriez mieux vos précautions, & n'auriez pas entrepris en huit jours ce que vous avez fait.

MOLIERE.

Le moyen de m'en défendre quand un Roy me l'a commandé.

Mademoiselle BEJART.

Le moyen ! une respectueuse excuse fondée sur l'impossibilité de la chose dans le peu de temps qu'on vous donne, & tout autre en vôtre place ménageroit mieux sa reputation, & se seroit bien gardé de se commettre comme vous faites. Où en serez-vous je vous prie, si l'affaire reüssit mal ? & quel avantage pensez vous qu'en prendront tous vos ennemis ?

Mademoiselle DE BRIE.

En effet il faloit s'excuser avec respect envers le Roy, ou demander du temps davantage.

MOLIERE.

Mon Dieu, Mademoiselle, les Roys n'ayment rien tant qu'une prompte obeïssance, & ne se plaisent point du tout à trouver des obstacles. Les choses ne sont bonnes que dans le temps qu'ils qu'ils les souhaitent; & leur en vouloir reculer le divertissement est en oster pour eux toute la grace. Ils veulent des plaisirs qui ne se fassent point attendre, & les moins preparez leur sont toûjours les plus agreables; nous ne devons jamais nous regarder dans ce qu'ils desirent de nous, nous ne sommes que pour leur plaire; & lors qu'ils nous ordonnent quelque chose, c'est à nous à profiter viste de l'envie où ils sont. Il vaut mieux s'acquitter mal de ce qu'ils nous demandent, que de ne s'en acquiter pas assez-tost; & si l'on a la honte de n'avoir pas bien reüssi, on a toûjours la gloire d'avoir obeï viste à leurs commandemens. Mais songeons à repeter s'il vous plaist.

Mademoiselle BEJART.

Comment pretendez vous que nous fassions, si nous ne sçavons pas nos rôles?

MOLIERE.

Vous les sçaurez, vous dy-je & quand même vous ne les sçauriez pas tout-à-fait, pouvez-vous pas y supléer de vostre esprit, puisque c'est de la Prose, & que vous sçavez vostre sujet?

Mademoiselle BEJART.

Je suis vostre Servante, la Prose est pis encore que les Vers.

Mademoiselle MOLIERE.

Voulez vous que je vous dise, vous deviez faire une Comedie où vous auriez joüé tout seul.

MOLIERE.

Taisez-vous, ma Femme, vous estes une beste.

Mademoiselle MOLIERE.

Grand mercy Monsieur mon Mary, voilà ce que c'est, le Mariage change bien les gens, & vous ne m'auriez pas dit cela il y a dix huit mois.

MOLIERE.

Taisez vous, je vous prie.

Mademoiselle MOLIERE.

C'est une chose étrange, qu'une petite ceremonie soit capable de nous oster toutes nos belles qualitez, & qu'un Mary, & un Galand regardent la mesme personne avec des yeux si differens.

MOLIERE.

Que de discours.

Mademoiselle MOLIERE.

Ma foy, si je faisois une Comedie, je la ferois sur ce sujet, je justifierois les Femmes de bien de choses dont on les accuse, & je ferois craindre aux Maris la difference qu'il y a de leurs manieres brusques, aux civilitez des Galans.

MOLIERE.

Ahy, laissons cela, il n'est pas question de causer maintenant, nous avons autre chose à faire.

Mademoiselle BEJART.

Mais puisqu'on vous a commandé de travailler sur le sujet de la Critique qu'on a faite contre vous, que n'avez-vous fait cette Comedie des Comediens, dont vous nous avez parlé il y a longtemps, c'estoit une affaire toute trouvée, & qui venoit fort bien à la chose, & d'autant mieux, qu'ayant entrepris de vous peindre, ils vous ouvroient l'occasion de les peindre aussi, & que cela auroit pû s'appeller leur portrait, à bien plus juste titre que tout ce qu'ils ont fait ne peut estre appellé le vostre; car vouloir contrefaire un Comedien dans un rôle Comique, ce n'est pas le peindre luy-mesme, c'est peindre d'aprés luy les Personnages qu'il represente, & se servir des mesmes traits & des mesmes couleurs, qu'il est obligé d'employer aux differens tableaux des caracteres ridicules, qu'il imite d'aprés nature. Mais contre-faire un Comedien dans des rôles serieux, c'est le peindre par des défauts qui sont entierement de luy, puisque ces sortes de Personnages ne veulent, ny les gestes, ny les tons de voix ridicules, dans lesquels on le reconnoist.

MOLIERE.

Il est vray, mais j'ay mes raisons pour ne le pas faire, & je n'ay pas crû entre nous que la chose en valust la peine, & puis il faloit plus

de

de temps pour executer cette idée. Comme leurs jours de Comedies sont les mesmes que les nostres, à peine ay-je esté les voir, que trois ou quatre fois depuis que nous sommes à Paris, je n'ay attrappé de leur maniere de reciter, que ce qui m'a d'abord sauté aux yeux, & j'aurois eu besoin de les étudier davantage pour faire des portraits bien resemblans.

Mademoiselle DU PARC.

Pour moy j'en ai reconnu quelques-uns dans vostre bouche.

Mademoiselle DE BRIE.

Je n'ay jamais oüy parler de cela.

MOLIERE.

C'est une idée qui m'avoit passée une fois par la teste, & que j'ay laissée là comme une bagatelle, une badinerie, qui peut estre n'auroit point fait rire.

Mademoiselle DE BRIE.

Dites la moy un peu, puisque vous l'avez dite aux autres.

MOLIERE.

Nous n'avons pas le temps maintenant.

Mademoiselle DE BRIE.

Seulement deux mots.

MOLIERE.

J'avois songé à une Comedie, où il y auroit eu un Poëte que j'aurois representé moy-mesme, qui seroit venu pour offrir une piece à une Trouppe de Comediens nouvellement arrivez de la campagne. Avez-vous, auroit-il dit, des Acteurs & des Actrices, qui soyent capables de bien faire valoir un Ouvrage, car ma piece est une piece... Eh! Monsieur, auroient repondu les Comediens, nous avons des Hommes & des Femmes qui ont esté trouvé raisonnables par tout où nous avons passé. Et qui fait les Roys parmy vous? voilà un Acteur qui s'en démesle parfois. Qui! ce jeune Homme bien-fait? vous mocquez-vous? Il faut un Roy qui soit gros & gras comme quatre. Un

Roy, morbleu, qui ſoit entripaillé comme il faut? un Roy d'une vaſte circonference, & qui puiſſe remplir un Throſne de la belle maniere! La belle choſe qu'un Roy d'une taille galante! Voilà déja un grand defaut; mais que je l'entende un peu reciter une douzaine de Vers. La deſſus le Comedien auroit recité, par exemple, quelques Vers du Roy de Nicomede,

Te le diray-je Araſpe, il m'a trop bien ſervy,
Augmentant mon pouvoir....

Le plus naturellement qui luy auroit eſté poſſible. Et le Poëte: comment vous appellez cela reciter? c'eſt ſe railler; il faut dire les choſes avec emphaſe. Ecoutez moy,

Te le diray-je, Araſpe.... &c.

Imitant Monfleury excellent Acteur de l'Hoſtel de Bourgogne.

Voyez-vous cette poſture? remarquez bien cela; là appuyer comme il faut le dernier Vers. Voilà ce qui attire l'approbation, & fait faire le brouhaha. Mais Monſieur, auroit répondu le Comedien, il me ſemble qu'un Roy qui s'entretient tout ſeul avec ſon Capitaine des Gardes, parle un peu plus humainement, & ne prend gueres ce ton de demoniaque. Vous ne ſçavez ce que c'eſt. Allez vous en reciter comme vous faites, vous verrez ſi vous ferez faire aucun ah! Voyons un peu une Scene d'Amant & d'Amante. Là-deſſus une Comedienne & un Comedien auroient fait une Scene enſemble, qui eſt celle de Camille & Curiace.

Iras tu, ma chere ame, & ce funeſte honneur,
Te plaiſt il aux dépens de tout noſtre bon-heur?
Helas! je voy trop bien.... &c.

Tout de meſme que l'autre, & le plus naturellement qu'ils auroient pû. Et le Poëte auſſi-toſt: vous vous mocquez, vous ne faites rien qui vaille: & voicy comme il faut reciter cela,

Iras tu, ma chere ame.... &c.
Non je te connois mieux, &c.

Imi-

Imitant Mademoiselle Beauchasteau, Comedienne de l'hostel de Bourgogne.

Voyez-vous comme cela est naturel & passionné? admirez ce visage riant qu'elle conserve dans les plus grandes afflictions. Enfin voilà l'idée, & il auroit parcouru de mesme tous les Acteurs, & toutes les Actrices.

Mademoiselle DE BRIE.

Je trouve cette idée assez plaisante, & j'en ay reconnû là dés le premier Vers : continuez je vous prie.

MOLIERE *imitant Beauchasteau aussi Comedien, dans les Stances du Cid.*

Percé jusques au fond du cœur, &c.

Et celuy-cy le reconnoistrez-vous bien, dans Pompée de Sertorius,

Imitant Hauteroche aussi Comedien.

L'inimitié qui regne entre les deux partis,
N'y rend pas de l'honneur.... &c.

Mademoiselle DE BRIE.

Je le reconnois un peu je pense.

MOLIERE.

Et celuy-cy.
Seigneur, Polibe est mort... &c.

Imitant De Villiers aussi Comedien.

Mademoiselle DE BRIE.

Oüy, je sçay qui c'est, mais il y en a quelques-uns d'entre eux, je croy, que vous auriez peine à contrefaire.

MOLIERE.

Mon Dieu, il n'y en a point qu'on ne pust attrapper par quelque endroit si je les avois bien étudiez; mais vous me faites perdre un temps qui nous est cher. Songeons à nous, de grace, & ne nous amusons point davantage à discourir; vous, prenez garde à bien representer avec moy vostre rôle de Marquis. *Parlant à de la Grange.*

Mademoiselle MOLIERE.

Toûjours des Marquis.

MOLIERE.

Oüy, toûjours des Marquis, que diable voulez-vous qu'on prenne pour un caractere agreable de Theatre; le Marquis aujourd'huy est le plaisant de la Comedie. Et comme dans toutes les Comedies anciennes on voit toûjours un Valet boufon qui fait rire les Auditeurs, de mesme dans toutes nos pieces de maintenant, il faut toûjours un Marquis ridicule qui divertisse la compagnie.

Mademoiselle BEJART.

Il est vray, on ne s'en sçauroit passer.

MOLIERE.

Pour vous, Mademoiselle....

Mademoiselle DU PARC.

Mon Dieu, pour moy je m'acquiteray fort mal de mon personnage, & je ne sçay pas pour quoy vous m'avez donné ce rôle de façonniere.

MOLIERE.

Mon Dieu Mademoiselle, voilà comme vous disiez lors que l'on vous donna celuy de la Critique de l'Ecole des Femmes, cependant vous vous en estez acquitée à merveille, & tout le monde est demeuré d'accord qu'on ne peut pas mieux faire que vous avez fait, croyez moy, celuy-cy sera de mesme, & vous le joüerez mieux que vous ne pensez.

Mademoiselle DU PARC.

Comment cela se pourroit il faire, car il n'y a point de personne au monde qui soit moins façonniere que moy.

MOLIERE.

Cela est vray, & c'est en quoy vous faites mieux voir que vous estes excellente Comedienne de bien representer un personnage, qui est si contraire à vostre humeur: tâchez donc de bien prendre tous le charactere de vos rôles, & de vous figurer que vous estes ce que vous representez *A du Croisy.* Vous faites le Poëte, vous, & vous devez vous remplir de ce personnage, marquer cet air Pedant qui se conserve parmy le commerce du beau monde,

monde, ce ton de voix ſententieux, & cette exactitude de prononciation qui appuye ſur toutes les ſyllabes, & ne laiſſe échapper aucune lettre de la plus ſevere ortographe. *A Brecourt.* Pour vous, vous faites un honeſte homme de Cour, comme vous avez déja fait dans la Critique de l'Ecole des Femmes, c'eſt à dire que vous devez prendre un air poſé, un ton de voix naturel, & geſticuler le moins qu'il vous ſera poſſible. *A de la Grange.* Pour vous je n'ay rien à vous dire. *A Mademoiſelle Bejart.* Vous, vous repreſentez une des ces Femmes, qui pourveu qu'elles ne faſſent point l'amour, croyent que tout le reſte leur eſt permis, de ces Femmes qui ſe retranchent toûjours fierement ſur leur pruderie, regardent un chacun de haut en bas, & veulent que toutes les plus belles qualitez que poſſedent les autres, ne ſoyent rien en comparaiſon d'un miſerable honneur dont perſonne ne ſe ſoucie; ayez toûjours ce caractere devant les yeux pour en bien faire les grimaces. *A Mademoiſelle de Brie.* Pour vous, vous faites une de ces Femmes qui penſent eſtre les plus vertueuſes perſonnes du monde, pourveu qu'elles ſauvent les apparences, de ces Femmes qui croyent que le peché n'eſt que dans le ſcandale, qui veulent conduire doucement les affaires qu'elles ont ſur le pied d'attachement honneſte, & appellent amis ce que les autres nomment galans, entrez bien dans ce caractere. *A Mademoiſelle de Moliere.* Vous, vous faites le meſme perſonnage que dans la Critique, & je n'ay rien à vous dire non plus qu'à Mademoiſelle du Parc. *A Mademoiſelle du Croiſy.* Pour vous, vous repreſentez une de ces perſonnes qui preſtent doucement des charitez à tout le monde, de ces Femmes qui donnent toûjours le petit coup de langue en paſſant, & ſeroient bien fachées d'avoir ſouffert qu'on euſt dit du bien du prochain, je croy que vous ne vous acquiterez pas mal de ce rôle. *A Mademoi-*

 moi-

moiselle Hervé. Et pour vous, vous estes la soubrette de la precieuse, qui se messe de temps en temps dans la conversation, & attrappe comme elle peut tous les termes de sa Maistresse ; je vous dis tous vos caracteres, afin que vous vous les imprimiez fortement dans l'esprit. Commençons maintenant à répeter, & voyons comme cela ira. Ah ! voicy justement un facheux, il ne nous faloit plus que cela.

SCENE II.

LA THORILIERE, MOLIERE, &c.

LA THORILLIERE.

BOn jour, Monsieur Moliere.

MOLIERE.

Monsieur vostre serviteur. La peste soit de l'homme.

LA THORILLIERE.

Comment vous en va ?

MOLIERE.

Fort bien pour vous servir ; Mesdemoiselles ne....

LA THORILLIERE.

Je viens d'un lieu où j'ay bien dit du bien de vous.

MOLIERE.

Je vous suis obligé. Que le diable t'emporte. Ayez un peu soin....

LA THORILLIERE.

Vous joüez une piece nouvelle aujourd huy?

MOLIERE.

Oüy, Monsieur, N'oubliez pas....

LA THORILIERE.

C'est le Roy qui vous la fait faire?

MOLIERE.

Oüy, Monsieur. De grace songez....

LA THORILIERE.

Comment l'appellez-vous ?

MOLIERE.

Oüy, Monsieur.

LA THORILLIERE.

Je vous demande comment vous la nommez ?

MOLIERE.

Ah ! ma foy je ne ſçay. Il faut s'il vous plaiſt que vous. . . .

LA THORILLIERE.

Comment ſerez-vous habillez ?

MOLIERE.

Comme vous voyez. Je vous prie. . . .

LA THORILLIERE.

Quand commencerez vous ?

MOLIERE.

Quand le Roy ſera venu. Au diantre le queſtionneur.

LA THORILLIERE.

Quand croyez vous qu'il vienne ?

MOLIERE.

La peſte m'étoufe, Monſieur, ſi je le ſçay.

LA THORILLIERE.

Sçavez-vous point ...

MOLIERE.

Tenez, Monſieur, je ſuis le plus ignorant homme du monde, je ne ſçay rien de tout ce que vous pourrez me demander je vous jure. J'enrage, ce bourreau vient avec un air tranquille vous faire des queſtions, & ne ſe ſoucie pas qu'on ait en teſte d'autres affaires.

LA THORILLIERE.

Meſdemoiſelles, voſtre ſerviteur.

MOLIERE.

Ah ! bon le voilà d'un autre coſté.

LA THORILLIERE *à Mademoiſelle du Croiſy*,

Vous voila belle comme un petit Ange. Joüez-vous toutes deux aujourd'huy ? *en regardant Mademoiſelle Hervé.*

Mademoiſelle DU CROISY.

Oüy, Monſieur.

LA THORILLIERE.

Sans vous la Comedie ne vaudroit pas grand choſe.

MO-

MOLIERE.

Vous ne voulez pas faire en aller cet homme là?

Mademoiselle DE BRIE.

Monsieur nous avons icy quelque chose à repeter ensemble.

LA THORILLIERE.

Ah! parbleu je ne veux pas vous empescher, vous n'avez qu'à poursuivre.

Mademoiselle DE BRIE.

Mais....

LA THORILLIERE.

Non, non, je serois fâché d'incommoder personne, faites librement ce que vous avez à faire.

Mademoiselle DE BRIE.

Oüy, mais....

LA THORILLIERE.

Je suis homme sans ceremonie, vous dy-je, & vous pouvez repeter ce qui vous plaira.

MOLIERE.

Monsieur, ces Demoiselles ont peine à vous dire qu'elles souhaiteroient fort que personne ne fust icy pendant cette repetition?

LA THORILLIERE.

Pourquoy, il n'y a point de danger pour moy?

MOLIERE.

Monsieur, c'est une coûtume qu'elles observent, & vous aurez plus de plaisir quand les choses vous surprendront.

LA THORILLIERE.

Je m'en vais donc dire que vous estes prests.

MOLIERE.

Point du tout, Monsieur, ne vous hâtez pas de grace.

SCENE III.

MOLIERE, LA GRANGE, &c.

MOLIERE.

AH! que le monde est plein d'impertinents! or sus commençons. Figurez-vous donc premierement

ment que la Scene est dans l'antichambre du Roy, car c'est un lieu où il se passe tous les jours des choses assez plaisantes. Il est aisé de faire venir là toutes les personnes qu'on veut, & on peut trouver des raisons mesme pour y authoriser la veuë des Femmes que j'introduis. La Comedie s'ouvre par deux Marquis qui se recontrent, Souvenez-vous bien, vous de venir comme je vous ay dit, là avec cet air qu'on nomme le bel air, peignant vostre Perruque, & grondant une petite chanson entre vos dents. La, la, la, la, la, la. Rangez vous donc vous autres car il faut du terrein à deux Marquis, & ils ne sont pas gens à tenir leur personne dans un petit espace, allons, parlez.

LA GRANGE.

Bon jour Marquis.

MOLIERE.

Mon Dieu, ce n'est point là le ton d'un Marquis, il faut le prendre un peu plus haut, & la pluspart de ces Messieurs affectent une maniere de parler particuliere pour se distinguer du commun. Bon jour Marquis, recommencez-donc.

LA GRANGE.

Bon jour Marquis.

MOLIERE.

Ah! Marquis, ton serviteur.

LA GRANGE.

Que fais tu là?

MOLIERE.

Parbleu tu vois, j'attends que tous ces Messieurs ayent debouché la porte pour presenter là mon visage.

LA GRANGE.

Testebleu quelle foule, je n'ay garde de m'y aller froter, & j'ayme bien mieux entrer des derniers.

MOLIERE.

Il y a la vingt gens qui sont fort assurez de n'entrer point, & qui ne laissent pas de se presser, & d'occuper toutes les avenües de la porte.

LA

LA GRANGE.

Crions nos deux noms à l'Huiſſier, afin qu'il nous appelle.

MOLIÈRE.

Cela eſt bon pour toy, mais pour moy je ne veux pas eſtre joüé par Moliere.

LA GRANGE.

Je penſe pourtant, Marquis, que c'eſt toy qu'il joüe dans la Critique.

MOLIERE.

Moy ? je ſuis ton valet, c'eſt toy-meſme en propre perſonne.

LA GRANGE.

Ah ! ma foy, tu es bon de m'appliquer ton perſonnage.

MOLIERE.

Parbleu, je te trouve plaiſant de me donner ce qui t'appartient.

LA GRANGE.

Ha, ha, ha, cela eſt drôle.

MOLIERE.

Ha, ha, ha, cela eſt boufon.

LA GRANGE.

Quoy tu veux ſoutenir que ce n'eſt pas toy qu'on joüe dans le Marquis de la Critique.

MOLIERE.

Il eſt vray c'eſt moy, Deteſtable, morbleu deteſtable, tarte à la creſme. C'eſt moy, c'eſt moy, aſſurement, c'eſt moy.

LA GRANGE.

Oüy, parbleu c'eſt toy, tu n'as que faire de railler ; & ſi tu veux nous gagerons, & verrons qui a raiſon des deux.

MOLIERE.

Et que veux-tu gager encore ?

LA GRANGE.

Je gage cent piſtoles que c'eſt toy.

MOLIERE.

Et moy cent piſtoles que c'eſt toy.

LA

LA GRANGE.

Cent pistoles comptant.

MOLIERE.

Comptant. Quatre vingt dix pistoles sur Amyntas, & dix pistoles comptant.

LA GRANGE.

Je le veux.

MOLIERE.

Cela est fait.

LA GRANGE.

Ton argent court grand risque.

MOLIERE.

Le tien est bien avanturé.

LA GRANGE.

A qui nous en raporter.

MOLIERE.

Voicy un homme qui nous jugera. Chevalier.

SCENE IV.

MOLIERE, BRECOURT, La GRANGE, &c.

BRECOURT.

Quoy?

MOLIERE.

Bon voilà l'autre qui prend le ton de Marquis. Vous ay-je pas dit que vous faites un rôle, où l'on doit parler naturellement?

BRECOURT.

Il est vray.

MOLIERE.

Allons donc, Chevalier.

BRECOURT.

Quoy?

MOLIERE.

Juge nous un peu sur une gageure que nous avons faite.

BRECOURT.

Et quelle?

MO-

MOLIERE.

Nous disputons qui est le Marquis de la Critique de Moliere, il gage que c'est moy, & moy je gage que c'est luy.

BRECOURT.

Et moy je juge que ce n'est, ny l'un ny l'autre; vous estes foux tous deux, de vouloir vous appliquer ces sortes de choses, & voilà dequoy j'oüys l'autre jour se plaindre Moliere, parlant à des personnes qui le chargeoient de mesme chose que vous. Il disoit que rien ne luy donnoit du déplaisir, comme d'estre accusé de regarder quelqu'un dans les portraits qu'il fait. Que son dessein est de peindre les mœurs sans vouloir toucher aux personnes; & que tous les personnages qu'il represente sont des personnages en l'air, & des phantosmes proprement, qu'il habille à sa fantaisie pour rejoüir les spectateurs. Qu'il seroit bien fasché d'y avoir jamais marqué qui que ce soit; & que si quelque chose estoit capable de le dégoûter de faire des Comedies, c'estoit les ressemblances qu'on y vouloit toûjours trouver, & dont ses ennemis tâchoient malicieusement d'appuyer la pensée pour luy rendre de mauvais offices auprés de certaines personnes à qui il n'a jamais pensé. Et en effet je trouve qu'il a raison; car pourquoy vouloir je vous prie appliquer tous ses gestes & toutes ses paroles, & chercher à luy faire des affaires, en disant hautement il joüe un tel, lors que ce sont des choses qui peuvent convenir à cent personnes? Comme l'affaire de la Comedie est de representer en general tous les défauts des hommes, & principalement des hommes de nostre siecle; il est impossible à Moliere de faire aucun caractere qui ne rencontre quelqu'un dans le monde; & s'il faut qu'on l'accuse d'avoir songé à toutes les personnes où l'on peut trouver les défauts qu'il peint, il faut sans doute qu'il ne fasse plus de Comedies.

MOLIERE.

Ma foy, Chevalier tu veux justifier Moliere & épargner nostre ami que voilà.

LA GRANGE.

Point du tout, c'est toy qu'il épargne, & nous trouverons d'autres juges.

MOLIERE.

Soit; mais dy-moy, Chevalier, ne crois tu pas que ton Moliere est épuisé maintenant, & qu'il ne trouvera plus de matiere pour....

BRECOURT.

Plus de matiere? Eh, mon pauvre Marquis nous luy en fournirons toûjours assez, & nous ne prenons guerres le chemin de nous rendre sages pour tout ce qu'il fait, & tout ce qu'il dit.

MOLIERE.

Attendez, il faut marquer davantage tout cet endroit, écoutez-le moy dire un peu. Et qu'il ne trouvera plus de matiere pour... Plus de matiere! Eh, mon pauvre Marquis, nous luy en fournirons toûjours assez, & nous ne prenons guerres le chemin de nous rendre sages pour tout ce qu'il fait & tout ce qu'il dit. Crois-tu qu'il ait épuisé dans ses Comedies tout le ridicule des hommes; & sans sortir de la Cour, n'a-t'il pas encore vingt caracteres de gens où il n'a point touché. N'a-t'il pas, par exemple, ceux qui se font les plus grandes amitiez du monde, & qui le dos tourné font galanterie de se déchirer l'un l'autre? N'a-t'il pas ces adulateurs à outrance, ces flatteurs insipides qui n'assaisonnent d'aucun sel les loüanges qu'ils donnent, & dont toutes les flatteries ont une douceur fade qui fait mal au cœur à ceux qui les écoutent? N'a-t'il pas ces lâches Courtisans de la faveur, ces perfides adorateurs de la fortune, qui vous encensent dans la prosperité & vous accablent dans la disgrace? N'a-t'il pas ceux qui sont toûjours mécontents de la Cour, ces suivans inutiles, ces incommodes assidus, ces gens, dy-je, qui pour servi-

ſervices ne peuvent conter que des importunitez, & qui veulent que l'on les recompenſe d'avoir obſedé le Prince dix ans durant? N'a-t'il pas ceux qui careſſent également tout le monde, qui promenent leurs civilitez à droit & à gauche, & courent à tous ceux qu'ils voyent avec les meſmes embraſſades, & les meſmes proteſtations d'amitié? Monſieur voſtre treshumble ſerviteur; Monſieur je ſuis tout à voſtre ſervice. Tenez moy des voſtres, mon cher. Faites eſtat de moy, Monſieur, comme du plus chaud de vos amis. Monſieur, je ſuis ravy de vous embraſſer. Ah! Monſieur je ne vous voyois pas. Faitez moy la grace de m'employer, ſoyez perſuadé que je ſuis entierement à vous. Vous eſtes l'homme du monde que je revere le plus; il n'y a perſonne que j'honore à l'égal de vous. Je vous conjure de le croire; je vous ſupplie de n'en point douter, ſerviteur, tres-humble valet. Va, va, Marquis. Moliere aura toûjours plus de ſujets qu'il n'en voudra, & tout ce qu'il a touché juſqu'icy n'eſt rien que bagatelle, au prix de ce qui reſte. Voilà à peu prés comme cela doit eſtre joüé.

BRECOURT.

C'eſt aſſez.

MOLIERE.

Pourſuivez.

BRECOURT.

Voicy Climene, & Eliſe.

MOLIERE.

Là deſſus vous arriverez toutes deux. *A Mademoiſelle du Parc.* Prenez bien garde vous à vous déhancher comme il faut, & à faire bien des façons, cela vous contraindra un peu, mais qu'y faire il faut par fois ſe faire violence.

Mademoiſelle MOLIERE.

Certes, Madame; je vous ay reconnuë de loin, & j'ay bien veu à voſtre air que ce ne pouvoit eſtre une autre que vous.

Made-

Mademoiselle DU PARC.

Vous voyez, je viens attendre icy la sortie d'un homme avec qui j'ay une affaire à démesler.

Mademoiselle MOLIERE.

Et moy de mesme.

MOLIERE.

Mesdames voilà des cofres qui vous serviront de fauteüils.

Mademoiselle DU PARC.

Allons, Madame, prenez place, s'il vous plaist.

Mademoiselle MOLIERE.

Aprés vous, Madame.

MOLIERE.

Bon, aprés ces petites ceremonies muettes chacun prendra place, & parlera assis, hors les Marquis, qui tantost se leveront, & tantost s'assoyront suivant leur inquietude naturelle. Parbleu, Chevalier, tu devrois faire prendre medecine à tes canons.

BRECOURT.

Comment?

MOLIERE.

Ils se portent fort mal.

BRECOURT.

Serviteur à la turlupinade.

Mademoiselle MOLIERE.

Mon Dieu, Madame, que je vous trouve le teint d'une blancheur éblouïssante, & les levres d'un couleur de feu surprenant!

Mademoiselle DU PARC.

Ah! que dites-vous-là, Madame, ne me regardez point, je suis du dernier laid aujourd'huy.

Mademoiselle MOLIERE.

Eh, Madame, levez un peu vostre coëffe.

Mademoiselle DU PARC.

Fy, je suis épouvantable, vous dy-je, & je me fais peur à moy mesme.

Mademoiselle MOLIERE.

Vous estes si belle.

Made-

Mademoiselle DU PARC.

Point, point.

Mademoiselle MOLIERE.

Montrez-vous.

Mademoiselle DU PARC.

Ah! fy donc, je vous prie.

Mademoiselle MOLIERE.

De grace.

Mademoiselle DU PARC.

Mon Dieu, non.

Mademoiselle MOLIERE.

Si fait.

Mademoiselle DU PARC.

Vous me desesperez.

Mademoiselle MOLIERE.

Un moment.

Mademoiselle DU PARC.

Ahy.

Mademoiselle MOLIERE.

Resolument, vous vous montrerez, on ne peut point se passer de vous voir.

Mademoiselle DU PARC.

Mon Dieu, que vous estes une étrange personne, vous voulez furieusement ce que vous voulez.

Mademoiselle MOLIERE.

Ah! Madame, vous n'avez aucun desavantage de paroistre au grand jour je vous jure. Les méchantes gens qui assuroient que vous mettiez quelque chose; vrayment je les dementiray bien maintenant.

Mademoiselle DU PARC.

Helas! je ne sçay pas seulement ce qu'on appelle mettre quelque chose. Mais où vont ces Dames.

SCENE V.

Mademoiselle DE BRIE, Mademoiselle DU PARC, &c.

Mademoiselle DE BRIE.

VOus voulez bien, Mesdames, que nous vous donnions en passant la plus agreable nouvelle du monde. Voilà Monsieur Lysidas qui vient de nous avertir qu'on a fait une piece contre Moliere, que les grands Comediens vont joüer.

MOLIÈRE.

Il est vray, on me l'a voulu lire, & c'est un nommé Br. Brou Broussaut qui l'a faite.

DU CROISY.

Monsieur, elle est affichée sous le nom de Boursaut, mais à vous dire le secret, bien des gens ont mis la main à cet ouvrage, & l'on en doit concevoir une assez haute attente. Comme tous les Autheurs, & tous les Comediens regardent Moliere comme leur plus grand ennemy, nous nous sommes tous unis pour le déservir; chacun de nous a donné un coup de pinceau à son portrait, mais nous nous sommes bien gardez d'y mettre nos noms; il luy auroit esté trop glorieux de succomber aux yeux du monde, sous les efforts de tout le Parnasse; & pour rendre sa défaite plus ignominieuse, nous avons voulu choisir tout exprés un Autheur sans reputation.

Mademoiselle DU PARC.

Pour moy je vous avouë que j'en ay toutes les joyes imaginables.

MOLIERE.

Et moy aussi. Par le sang-bleu le railleur sera raillé; il aura sur les doigts ma foy.

Mademoiselle DU PARC.

Cela luy apprendra à vouloir satyriser tout. Comment cet impertinent ne veut pas que les Femmes ayent de l'esprit, il condamne toutes nos expressions élevées, & pretend que nous parlions toûjours terre à terre.

Mademoiselle DE BRIE.

Le langage n'est rien ; mais il censure tous nos attachemens quelque innocens qu'ils puissent estre, & de la façon qu'il en parle, c'est estre criminelle que d'avoir du merite.

Mademoiselle DU CROISY.

Cela est insupportable, il n'y a pas une femme qui puisse plus rien faire, que ne laisse t'il en repos nos maris, sans leur ouvrir les yeux, & leur faire prendre garde à des choses, dont ils ne s'avisent pas.

Mademoiselle BEJART.

Passe pour tout cela, mais il satyrise mesme les Femmes de bien, & ce méchant plaisant leur donne le titre d'honnestes diablesses.

Mademoiselle MOLIERE.

C'est un impertinent, il faut qu'il en ait tout le sou.

DU CROISY.

La representation de cette Comedie, Madame, aura besoin d'estre appuyée, & les Comediens de l'Hostel....

Mademoiselle DU PARC.

Mon Dieu ; qu'ils n'apprehendent rien, je leur garantis le succés de leur piece corps pour corps.

Mademoiselle MOLIERE.

Vous avez raison, Madame, trop de gens sont interessez à la trouver belle. Je vous laisse à penser si tous ceux qui se croyent satyrisez par Moliere, ne prendront pas l'occasion de se vanger de luy en applaudissant à cette Comedie.

BRE-

BRECOURT.

Sans doute, & pour moy je répons de douze Marquis, de six Precieuses, de vingt Coquettes, & de trente Cocus, qui ne manqueront pas d'y batre des mains.

Mademoiselle MOLIERE.

En effet. Pourquoy aller offenser toutes ces personnes-là, & particulierement les Cocus, qui sont les meilleurs gens du monde?

MOLIERE.

Par la sang-bleu, on m'a dit qu'on le va dauber, luy & toutes ses Comedies de la belle maniere, & que les Comediens & les Autheurs, depuis le cedre jusqu'à l'hyssope sont diablement animez contre luy.

Mademoiselle MOLIERE.

Cela luy sied fort bien, pourquoy fait-il de méchantes pieces que tout Paris va voir, & où il peint si bien les gens que chacun s'y connoist; que ne fait-il des Comedies comme celles de Monsieur Lysidas, il n'auroit personne contre luy, & tous les Autheurs en diroient du bien. Il est vray que de semblables Comedies n'ont pas ce grand concours de monde; mais en revanche elles sont toûjours bien écrites, personne n'ecrit contre elles, & tous ceux qui les voyent meurent d'envie de les trouver belles.

DU CROISY.

Il est vray que j'ay l'avantage de ne point faire d'ennemis, & que tous mes ouvrages ont l'approbation des sçavans.

Mademoiselle MOLIERE.

Vous faites bien d'estre content de vous, cela vaut mieux que tous les applaudissemens du public, & que tout l'argent qu'on sçauroit gagner aux pieces de Moliere. Que vous importe qu'il vienne du monde à vos Comedies, pourveu qu'elles soyent approuvées par Messieurs vos Confreres.

LA GRANGE.

Mais quand jouëra-t'on le portrait du Peintre?

DU CROISY.

Je ne sçay, mais je me prepare fort à paroistre des premiers sur les rangs, pour crier voilà qui est beau.

MOLIERE.

Et moy de mesme parbleu.

LA GRANGE.

Et moy aussi, Dieu me sauve.

Mademoiselle DU PARC.

Pour moy j'y payeray de ma personne comme il faut, & je répons d'une bravoure d'approbation qui mettra en déroute tous les jugemens ennemis, c'est bien la moindre chose que nous devions faire, que d'épauler de nos loüanges le vangeur de nos interests.

Mademoiselle MOLIERE.

C'est fort bien dit.

Mademoiselle DE BRIE.

Et ce qu'il nous faut faire toutes.

Mademoiselle BEJART.

Assurement.

Mademoiselle DU CROISY.

Sans doute.

Mademoiselle HERVE'.

Point de cartier à ce contrefaiseur de gens.

MOLIERE.

Ma foy, Chevalier, mon amy, il faudra que ton Moliere se cache?

BRECOURT.

Qui luy! je te promets Marquis qu'il fait dessein d'aller sur le Theatre rire avec tous les autres du portrait qu'on a fait de luy.

MOLIERE.

Parbleu ce sera donc du bout des dents qu'il y rira,

BRE-

BRECOURT.

Va, va, peut-estre qu'il y trouvera plus de sujets de rire que tu ne penses. On m'a montré la piece, & comme tout ce qu'il y a d'agreable, sont effectivement les idées qui ont esté prises de Moliere, la joye que cela pourra donner n'aura pas lieu de luy déplaire sans doute; car pour l'endroit où on s'efforce de le noircir, je suis le plus trompé du monde si cela est approuvé de personne. Et quant à tous les gens qu'ils ont tâché d'animer contre luy, sur ce qu'il fait, dit-on, des portraits trop ressemblans, outre que cela est de fort mauvaise grace, je ne vois rien de plus ridicule & de plus mal repris, & je n'avois pas crû jusqu'icy que ce fust un sujet de blame pour un Comedien, que de peindre trop bien les hommes.

LA GRANGE.

Les Comediens m'ont dit qu'ils l'attendoient sur la réponse, & que....

BRECOURT.

Sur la réponse! Ma foy je le trouverois un grand fou, s'il se mettoit en peine de répondre à leurs invectives, tout le monde sçait assez de quel motif elles peuvent partir; & la meilleure réponse qu'il leur puisse faire, c'est une Comedie qui reüssisse comme toutes ses autres. Voilà le vray moyen de se vanger d'eux comme il faut; & de l'humeur dont je les connois, je suis fort asseuré qu'une piece nouvelle qui leur enlevera le monde les fâchera bien plus, que toutes les satyres qu'on pourroit faire de leurs personnes.

MOLIERE.

Mais, Chevallier....

Mademoiselle BEJART.

Souffez que j'interrompe pour un peu la repetition, voulez-vous que je vous die, si j'avois esté en vostre place, j'aurois poussé les choses autrement, Tout le monde attend de vous une réponse vigoureuse, & aprés la maniere dont on m'a dit que vous estiez traité dans cette Comedie, vous estiez en droit de tout dire contre les Comediens, & vous deviez n'en épargner aucun.

MOLIERE.

J'enrage de vous oüir parler de la sorte, & voilà vôtre manie à vous autres Femmes. Vous voudriez que je prisse feu d'abord contre-eux, & qu'à leur exemple j'alasse eclater promptement en invectives & en injures. Le bel honneur que j'en pourrois tirer, & le grand dépit que je leur ferois. Ne se sont-ils pas preparez de bonne volonté à ces sortes de choses; & lors qu'ils ont deliberé s'ils joüeront le portrait du Peintre, sur la crainte d'une risposte, quelques-uns d'entre-eux n'ont-ils pas repondu, qu'il nous rende toutes les injures qu'il voudra, pourveu que nous gagnions de l'argent ? N'est ce pas là la marque d'une ame fort sensible à la honte, & ne me vangerois je pas bien d'eux, en leur donnant ce qu'ils veulent bien recevoir ?

Mademoiselle DE BRIE.

Ils se sont fort plaint toutefois de trois, ou quatre mots que vous avez dit d'eux dans la Critique, & dans vos Precieuses.

MOLIERE.

Il est vray, ces trois ou quatre mots sont fort offençans, & ils ont grande raison de les citer. Allez, allez, ce n'est pas cela. Le plus grand mal que je leur aye fait, c'est que j'ay eu le bonheur de plaire un peu plus qu'ils n'auroient voulu, & tout leur procedé depuis que nous sommes venus à Paris a trop marqué ce qui les touche; mais laissons les faire tant qu'ils voudront, toutes leurs entreprises ne doivent point m'inquieter. Ils critiquent mes Pieces, tant mieux, & Dieu me garde d'en faire jamais qui leur plaise, ce seroit une mauvaise affaire pour moy.

Made-

Mademoiselle DE BRIE.

Il n'y pas grand plaisir pourtant à voir déchirer ses ouvrages.

MOLIERE.

Et qu'est-ce que cela me fait, n'ay-je pas obtenu de ma Comedie tout ce que j'en voulois obtenir, puis qu'elle a eu le bonheur d'agréer aux Augustes personnes, à qui particulierement je m'éforce de plaire? N'ay je pas lieu d'estre satisfait de sa destinée, & toutes leurs censures ne viennent elles pas trop tard? Est ce moy, je vous prie, que cela regarde maintenant; & lors qu'on attaque une piece qui a eu du succés, n'est ce pas ataquer plûtost le jugement de ceux qui l'ont approuvée, que l'art de celuy qui l'a faite?

Mademoiselle DE BRIE.

Ma foy, j'aurois joüé ce petit Monsieur l'Autheur, qui se mesle d'écrire contre des gens qui ne songent pas à luy.

MOLIERE.

Vous estes folle. Le beau sujet à divertir la Cour, que Monsieur Boursaut. Je voudrois bien sçavoir de quelle façon on pourroit l'ajuster pour le rendre plaisant, & si quand on le berneroit sur un Theatre, il seroit assez heureux pour faire rire le monde, ce luy seroit trop d'honneur, que d'estre joüé devant une auguste Assemblée, il ne demanderoit pas mieux; & il m'attaque de gayeté de cœur pour se faire connoistre, de quelque façon que ce soit. C'est un homme qui n'a rien à perdre, & les Comediens ne me l'ont déchaîné, que pour m'engager à une sotte guerre, & me détourner par cet artifice des autres ouvrages que j'ay à faire; & cependant vous estes assez simples pour donner toutes dans ce panneau; mais enfin j'en feray ma déclaration publiquement. Je ne pretends faire aucune réponse à toutes leurs Critiques & leurs contre-Critiques. Qu'ils disent tous les maux du monde de mes Pieces, j'en suis d'accord. Qu'ils s'en saisissent aprés nous, qu'ils les retournent comme un habit pour les mettre sur leur Theatre, & tâchent à profiter de quelque agrément qu'on y trouve, & d'un peu de bonheur que j'ay, j'y consens, ils en ont besoin; & je seray bien ayse de contribuer à les faire subsister, pourveu qu'ils se contentent de ce que je puis leur accorder avec bienseance. La courtoisie doit avoir des bornes, & il y a des choses qui ne font rire, ny les spectateurs, ny celuy dont on parle. Je leur abandonne de bon cœur mes ouvrages, ma figure, mes gestes, mes paroles, mon ton de voix, & ma façon de reciter, pour en faire, & dire tout ce qu'il leur plaira, s'ils en peuvent tirer quelque avantage. Je ne m'oppose point à toutes ces choses, & je seray ravy que cela puisse réjoüir le monde; mais en leur abandonnant tout cela, ils me doivent faire la grace de me laisser le reste, & de ne point toucher à des matieres de la nature de celles, sur lesquelles on m'a dit qu'ils m'attaquoient dans leurs Comedies, c'est dequoy je prieray civilement cet honneste Monsieur qui se mesle d'écrire pour eux; & voilà toute la réponse qu'ils auront de moy.

Mademoiselle BEJART.

Mais enfin....

MOLIERE.

Mais enfin, vous me feriez devenir fou. Ne parlons point de cela davantage, nous nous amusons à faire des discours, au lieu de repeter nostre Comedie; où en estions-nous? je ne m'en souviens plus.

Mademoiselle DE BRIE.

Vous en estiez à l'endroit....

MOLIERE.

Mon Dieu, j'entends du bruit, c'est le Roy qui arrive assurement, & je vois bien que nous n'aurons pas le temps de passer outre: voilà ce

que

que c'eſt de s'amuſer. Oh bien faites donc pour le reſte du mieux qu'il vous ſera poſſible.

Mademoiſelle. BEJART.

Par ma foy la frayeur me prend ; & je ne ſçaurois aller joüer mon rôle ſi je ne le repete tout entier.

MOLIERE.

Comment, vous ne ſçauriez aller joüer voſtre rôle?

Mademoiſelle BEJART

Non.

Mademoiſelle DU PARC.

Ny moy le mien.

Mademoiſelle DE BRIE.

Ny moy non plus.

Mademoiſelle MOLIERE.

Ny moy.

Mademoiſelle HERVÉ.

Ny moy.

Mademoiſelle DU CROISY.

Ny moy.

MOLIERE.

Que penſez-vous donc faire, vous mocquez-vous toutes de moy?

SCENE

BEJART, MOLIERE, &c.

BEJART.

MEſſieurs, je viens vous avertir que le Roy eſt venu, & qu'il attend que vous commenciez.

MOLIERE.

Ah Monſieur, vous me voyez dans la plus grande peine du monde, je ſuis deſeſperé à l'heure que je vous parle, voicy des Femmes qui s'effrayent, & qui diſent qu'il leur faut repeter leurs

leurs rôles avant que d'aller commencer, nous demandons de grace encore un moment, le Roy a de la bonté, & il sçait bien que la chose a esté précipitée. Eh, de grace, tâchez de vous remettre, prenez courage je vous prie.

Mademoiselle DU PARC.

Vous devez vous aller excuser.

MOLIERE.

Comment m'excuser?

SCENE.

MOLIERE, Mademoiselle BEJART, &c.

Un necessaire.

Messieurs, commencez donc.

MOLIERE.

Tout à l'heure, Monsieur, je croy que je perdray l'esprit de cette affaire-cy, &....

SCENE.

MOLIERE, Mademoiselle BEJART, &c.

Autre necessaire.

Messieurs, commencez donc.

MOLIERE.

Dans un moment, Monsieur. Et quoy donc, voulez vous que j'aye l'affront....

SCENE.

MOLIERE, Mademoiselle BEJART, &c.

Autre necessaire.

Messieurs commencez donc.

MOLIERE.

Oüy, Monsieur, nous y allons. Eh, que de gens se font de feste, & viennent dire commencez donc, à qui le Roy ne l'a pas commandé.

SCE-

SCENE.

MOLIERE, Mademoiselle BEJART, &c.

Autre necessaire.

Messieurs, commencez donc.

MOLIERE.

Voilà qui est fait, Monsieur. Quoy donc recevray-je la confusion....

SCENE.

BEJART, MOLIERE, &c.

MOLIERE.

Monsieur, vous venez pour nous dire de commencer, mais....

BEJART.

Non Messieurs, je viens pour vous dire qu'on a dit au Roy l'embaras où vous vous trouviez, & que par une bonté toute particuliere il remet vôtre nouvelle Comedie à une autre fois, & se contente pour aujourd'huy de la premiere que pourrez donner.

MOLIERE.

Ah! Monsieur, vous me redonnez la vie, le Roy nous fait la plus grande grace du monde de nous donner du temps, pour ce qu'il avoit soûhaité; & nous allons tous le remercier des extremes bontez qu'il nous fait paroistre.

FIN.

www.ingramcontent.com/pod-product-compliance
Lightning Source LLC
LaVergne TN
LVHW021709230826
846092LV00002BA/735
9782329649498